Les bonnes manières pour les petits dragons

Maquette : Laure Massin
ISBN : 978-2-07-512481-2
Titre original : *When a Dragon Comes to Stay*
Publié par Nosy Crow Ltd., Londres

5, rue Gaston Gallimard, 75007 Paris
Numéro d'édition : 347028
Loi n°49-956 du 16 juillet 1949
sur les publications destinées à la jeunesse
Dépôt légal : mai 2019
Imprimé en Chine

FSC www.fsc.org
MIXTE
Papier issu de sources responsables
FSC® C010256

Pour Jess
C.H.
Pour les Fafa-Brooks,
affectueusement,
Rosi B. x

Les bonnes manières pour les petits dragons

Caryl Hart • Rosalind Beardshaw

Gallimard Jeunesse

Quand un dragon est invité à la maison…

124

Est-ce qu'il rugit et pousse des cris ?

Est-ce qu'il garde tous les jouets pour lui ?

Sûrement pas !
Les dragons
ne font pas ça.

Un dragon sait qu'il doit gentiment jouer,
attendre son tour et toujours partager.
Il connaît les règles et ne rouspète pas
quand il n'est pas le premier !

Les petits dragons sont comme ça.

Quand il joue à cache-cache,
un dragon sait que regarder, c'est de la triche !

Il compte jusqu'à vingt,
puis il dit bien fort : « Attention ! J'arrive ! »
Et il ne te trouve jamais du premier coup !

C'est ainsi que les dragons jouent.

Au goûter, est-ce qu'un dragon avale tous les gâteaux, parle la bouche pleine et fait des rots ?

Est-ce qu'il renverse son jus par terre, crie :
« Encore ! » et tape avec sa cuillère ?

Sûrement pas !
Les dragons
ne font pas ça.

Un petit dragon mange en souriant
et boit délicatement.
Il dit : « Tout est vraiment exquis »
et ne fait jamais la grimace
devant ce qu'on lui a servi.

Mais oui, les dragons sont très polis !

Quand il a terminé son repas,
Petit dragon ramasse bols, couverts et assiettes
et les dépose tout seul à la cuisine.

Parfois, il propose même de faire la vaisselle !

Les dragons sont toujours prêts à aider.

Quand arrive la fin de la journée,
que tout le monde est fatigué,
est-ce qu'un petit dragon devient grognon,
agite ses ailes et crie « Non, non » ?

Sûrement pas !
Les dragons
ne font pas ça.

Il saute plutôt dans son bain chaud
pour se laver et faire des bulles !
Il se frotte bien partout,
du bout des pattes au creux du cou.

Tous les dragons adorent l'eau.

Puis vient l'heure de se brosser les dents,
sans se presser, en prenant son temps.

Petit dragon replie ses ailes avec soin
et se couvre pour ne pas avoir froid.
Il ne rechigne pas, ne fait jamais d'histoires.

Les dragons aiment bien la chaleur du soir.

Et quand il faut aller au lit,
est-ce que ce petit dragon-là fait une colère,
boude et jette ses jouets par terre ?

Sûrement pas !
Les dragons
ne font pas ça.

Mais...

Si le petit dragon est vraiment épuisé,
alors les choses peuvent mal tourner !
Il faut lui faire un gros câlin,
le prendre dans ses bras
et lui chanter une chanson tout bas.

Les chagrins de dragon ne sont jamais bien longs.

Borde le dragon au chaud sous la couette,
pour qu'il passe une bonne nuit douillette.
Plus de pleurs ni de grognements,
c'est l'heure des histoires qu'il aime tant !

Quel adorable petit dragon… non ?

R R R R R R R R R R

RRRRRRRRRRRRRRRRRRR

Et si ses ronflements te réveillent,
s'ils font trembler les murs de la maison...

N'oublie pas
que c'est un dragon !